EXHORTATIONS

ÉLECTORALES

D'UN PAYSAN

A SES PAIRS

Ni anarchie! ni despotisme!

30 centimes

PARIS

ARMAND LE CHEVALIER, ÉDITEUR

61, RUE RICHELIEU, 61

—

1869

Tous droits réservés.

EXHORTATIONS ÉLECTORALES D'UN PAYSAN

A SES PAIRS

———

La fièvre électorale sévit en ce moment avec la dernière violence sur tout le territoire de l'Empire. Ceux qui veulent faire notre bonheur — ou le leur — officiels et officieux, préfets, sous-préfets et commissaires, et surtout ces grands ministres qui professent l'infaillibilité et qui ne sont guère célèbres que par les fautes qu'ils prétendent n'avoir point commises, nous accablent à l'envi de conseils et de prières, de protestations amicales et de promesses somptueuses, afin que nous choisissions, selon leur cœur, les mandataires qui, pendant six ans, iront représenter nos intérêts — et voter leur traitement.

Comme en ces matières nous avons tous voix au chapitre; comme c'est nous qui, d'ordinaire, payons toujours les pots cassés, je vais vous faire connaître mon sentiment, moi qui ne veux être ni sénateur, ni ministre, ni conseiller d'Etat, ni même tambour dans la mobile.

Il y a une vingtaine d'années, à la suite d'événements que

je n'apprécierai pas puisqu'ils ont fait la joie des uns et la douleur des autres, il fut décidé que nous concourrions tous à la nomination de nos représentants, et à celle des citoyens qui auraient mission de nous gouverner. Pendant trois fois nous procédâmes à ces choix délicats avec le plus grand ordre et la plus entière indépendance, et il ne vint à l'esprit de personne de nous imposer sa direction. Tout semblait calme et tranquille, lorsqu'un matin le Président de la République nous apprit que les députés voulaient la détruire, qu'il avait dû les congédier et même mettre sous les verrous les plus récalcitrants et les plus illustres d'entr'eux. Notre émoi fut considérable. On cria qu'il violait la loi et la souveraineté nationale, mais comme les baïonnettes étaient de son côté et qu'il les fît agir avec énergie, chacun finit par se taire, la République fut sauvée, — et l'Empire proclamé quelques mois plus tard.

Le chef de l'Etat, reconnaissant sans doute que d'aussi héroïques remèdes ne pourraient pas être appliqués toutes les fois que nous ferions de mauvais choix dans l'élection de nos mandataires, pensa qu'il était plus simple de nous les désigner par avance, et ces hommes, choisis par lui ou ses préfets, et auxquels nous n'avions qu'à donner notre voix, s'appelèrent : *les candidats officiels.*

Beaucoup d'entre eux venaient, nous ne savions d'où ; nous étaient totalement inconnus et ne nous connaissaient pas davantage ; ils ignoraient nos intérêts et nos besoins comme nous ignorions les leurs... Mais on disait : l'Empereur les veut, le préfet les veut, M. le maire les veut ; nous avons un fils à faire revenir de l'armée, un pont à construire, un chemin à rectifier, notre église à réparer ; la bienveillance et les secours du gouvernement nous sont indispensables ; comment voter contre celui qu'il nous présente ? Et, à cause de notre enfant, du pont, du chemin ou de l'église, nous courions au scrutin sans autre préoccupation que de montrer plus de zèle et d'unanimité que la commune voisine.

Cet état de choses dura jusqu'en 1863. Alors les plus clairvoyants qui avaient réfléchi se dirent : puisque nos députés doivent contrôler les actes du gouvernement, ce n'est pas à lui de les choisir; puisqu'ils votent l'impôt, il est plus rationnel qu'ils soient désignés par nous qui le payons que par ceux qui en profitent. Faisons-en à notre tête !

Près de deux millions d'électeurs raisonnèrent et agirent ainsi, et comme aucun d'eux n'a été pendu, que les secours du gouvernement n'ont point fait défaut pour les ponts, chemins ou églises de leurs communes qui s'appellent : Paris, Lyon, Marseille, etc., qu'au contraire toutes les faveurs ont été pour ces grandes villes et les autres qui les ont imitées, je vous engage à faire comme eux, sachant avec certitude que vous vous trouverez bien de mon conseil, si vous le suivez.

Nous ne nous occupons guère de politique au village, et l'arrivée du percepteur venant emplir sa sacoche, ou celle du préfet choisir les plus vigoureux de nos jeunes gens pour les envoyer en Chine, au Japon ou au Mexique, nous émotionnent bien davantage que les grands discours des ministres disant blanc et noir avec la même éloquence; mais lorsque nous voyons augmenter le nombre de nos conscrits, grandir le chiffre de nos impôts et annoncer sans cesse quelque nouvel emprunt, nous commençons à nous inquiéter et à nous dire que cela ne peut durer ainsi. Et après nous être bien lamentés, avoir bien crié, nous finissons toujours par conclure « que tout cela est bien fâcheux, mais que nous n'y pouvons rien..... »

Cependant, si le contingent et les impôts augmentent, si les emprunts se répètent si fréquemment, ce n'est qu'avec l'agrément des députés, que nous avons nommés, sur la désignation des fonctionnaires, et qui constituent la majorité de la Chambre, c'est-à-dire, la partie qui gouverne. Dès l'instant que nous avons à nous plaindre de leur manière de faire, que nos intérêts en souffrent, nous n'avons pour guérir le mal qu'à les renvoyer, et en élire d'autres à leur place.

Autrefois, lorsqu'on changeait la forme ou la marche d'un gouvernement au moyen de barricades ou de feux de peloton, nous n'étions *rien*, en effet, dans les campagnes ; mais aujourd'hui, avec le suffrage universel nous sommes *tout*, puisque nous formons les deux tiers de la population et que pour faire prévaloir notre volonté souveraine nous avons un bulletin de vote, qui est la plus efficace des cartouches.

On parle beaucoup des anciens partis et de leur influence pernicieuse, et certains s'obstinent à les voir portout et toujours. Pour ma part, je ne distingue guère que deux catégories de citoyens : les satisfaits, et ceux qui pensent que nos affaires pourraient mieux aller.

Les *employés* composent naturellement la première, et cela se conçoit. Grassement payés, touchant jusqu'à des centaines de mille francs, ils reçoivent leur argent tous les mois ; ils n'ont rien à mettre en réserve pour le percepteur, l'agent d'assurances, les dégâts d'une inondation ou les ravages de la grêle. Après un certain nombre d'années de service ils touchent une belle retraite et n'ont qu'à la dépenser agréablement; leurs enfants, très souvent élevés aux frais des contribuables, accaparent généralement tous les postes vacants, et après leur mort de grosses pensions sont servies à leurs veuves — même lorsqu'ils leur laissent des millions. Formant presque une classe à part dans la société, avec des avantages qui rappellent beaucoup les priviléges de l'ancienne noblesse, ils trouvent excellent et parfait ce qui existe, comme ils ont trouvé excellent et parfait ce qui a existé et ce qu'ils ont servi avec le même dévouement et le même enthousiasme. Du reste, habitués aux règles hiérarchiques, ils n'ignorent point le sort qui leur serait fait s'ils se permettaient de penser autrement que le maître. Aussi, à les entendre, nous n'avons rien à désirer, l'âge d'or est revenu, nous vivons dans un véritable paradis terrestre, *tout va bien !*

Pour eux qui reçoivent et dont les traitements augmentent sans cesse — c'est incontestable. Mais pour nous — qui payons et toujours un peu plus — en est-il de même? Et cependant notre ambition n'est pas grande, puisque nous ne désirons rien de plus que de vivre tranquillement sur nos terres, de voir prospérer nos récoltes et d'en tirer parti, de payer le moins d'impôts possible et de pouvoir faire de nos enfants autre chose que des soldats. Ces modestes aspirations nous sont-elles permises ! Sommes-nous plus heureux que' par le passé ? Avons-nous moins de charges ? A-t-on tenu les promesses faites ? Les actes ont-ils répondu aux paroles, la réalité aux illusions ? En un mot, *pouvons-nous, nous aussi, être satisfaits ?*

Examinons-le succinctement.

Notre nouveau système politique ayant pour base le suffrage universel, conquis en février, et considérablement restreint par la loi du 31 mai (1), on a commencé par nous dire qu'on allait nous le restituer dans toute sa plénitude, et en même temps on l'a supprimé complétement à Paris, à Lyon et dans toutes les communes du département de la Seine pour l'élection des conseillers généraux, municipaux et d'arrondissement. On a retiré le droit aux colonies d'envoyer des députés au Corps législatif, aux gardes nationaux, celui de nommer leurs officiers, et enfin, remis à l'arbitraire des préfets la désignation des commerçants appelés à élire les magistrats consulaires !

On célèbre la démocratie et les immortels principes de 89, et on crée des ducs et des comtes, des chambellans et des grands-veneurs, des maîtres de cérémonies et des écuyers cavalcadours ; on remet en usage les « monseigneurs » et les « excellences » et ces hochets de la vanité humaine qui avaient quelque raison d'être sous les monarchies du droit divin, mais qui de nos jours, et après toutes nos révolutions, ne constituent plus qu'un risible anachronisme.

On s'indignait contre les 25 francs par jour attribués aux représentants du peuple, et on leur en donne 85 ; on veut que les portes du Corps législatif soient ouvertes à tous les citoyens sans distinction de rang et de fortune, et les candidats officiels ne sont guère choisis que dans la classe la plus riche de la société ; on en exclut les fonctionnaires, mais on y admet volontiers les hommes composant la haute domesticité impériale,

---

(1) Le ministère, composé de MM. Rouher, Baroche, Dumas, etc., avait présenté cette loi au *nom du Pouvoir exécutif.*

qui viendront, étrange anomalie ! contrôler les actes de leur maître, puisque seul il est responsable.

On proclame la sincérité et la liberté des votes, et on nous réduit en quelque sorte au rôle de *sous-électeurs* en choisissant et nous désignant par avance ceux que nous devons honorer de nos suffrages.

On fait sonner bien haut les mots de « libéralisme » et de « confiance en la nation » et on supprime les gardes nationales dans les départements, on choisit arbitrairement celle de Paris, on dérobe au jury la connaissance des délits de presse et des délits politiques, les jurés sont au choix exclusif des agents du pouvoir et ceux-ci arrivent même par le roulement judiciaire à désigner les magistrats chargés de certaines répressions ; de plus, on enlève au Corps législatif la nomination de ses présidents et l'initiative parlementaire ; on réglemente si étroitement les droits d'interpellation et d'amendement qu'on les rend presque illusoires, et lorsque le chef de l'Etat fait connaître à nos mandataires les affaires de la nation, ils n'ont plus le droit de lui répondre !

On déclare que « l'Empire c'est la paix » et depuis qu'il est établi, le sang de nos soldats n'a cessé de couler en Crimée et en Italie, en Syrie et au Mexique, sous les murailles de Palikao et dans les vergers de Mentana. L'Empire c'est la paix ! et il n'y a pas de semaine qu'un bruit de guerre ne se propage !

On ne parle que de la sécurité et de la confiance publiques rétablies, de la prospérité commerciale et industrielle portées à leur apogée, et jamais tant d'or improductif ne s'était caché dans les caves de la Banque, jamais les faillites n'avaient été si nombreuses, les plaintes de nos industries nationales si constantes et si désespérées.

On prétend avoir relevé le prestige de la France à l'étranger, et cependant malgré nos réclamations... diplomatiques, la Pologne à péri ; au mépris de notre signature mise au bas du traité de Londres, le Danemark a été entamé ; l'Italie s'est constituée contrairement à nos idées ; le Pape, dont nous nous étions faits les protecteurs inébranlables, a été dépouillé de la moitié de ses Etats ; le malheureux empereur du Mexique, que nous avions pris par la main et conduit sur le trône, a été fusillé comme un simple chef de forbans, et les conséquences de Sadowa, qu'un de nos ministres a eu le triste courage de célébrer, nous obligent à l'entretien ruineux d'une armée de treize cent mille hommes, *afin de garantir* NOTRE SÉCURITÉ !

On affirme que les intérêts de nos nationaux sont efficacement protégés sur toute la surface du globe, et les souscripteurs des emprunts mexicains, recommandés par les ministres à la tribune et distribués par les percepteurs dans nos villages, perdent les deux tiers du montant de leurs prêts ; l'Italie et l'Autriche, nos fidèles alliées, contrairement à toutes les règles de la plus simple honnêteté et à leurs engagements formels, diminuent de 10 et de 16 0/0 l'intérêt de leurs emprunts contractés en France, et le gouvernement laisse faire ; le bey de Tunis lui-même se rit des réclamations de nos diplomates, et depuis deux ans ses créanciers français attendent vainement le paiement de leurs créances.

On ose parler de la diminution des charges et de celle de l'impôt — condition indispensable du bien-être des populations — et cependant que d'augmentations de toute sortes n'avons-nous pas à supporter ? Sous les gouvernements déchus nous ne connaissions ni l'impôt sur les chiens, ni les décimes de guerre, ni la patente des avocats, ni celle des médecins ; les droits de succession des valeurs mobiliaires coûtaient trois fois moins qu'aujourd'hui ; le timbre de cinquante centimes ne se vendait que trente-cinq : le prix du tabac était moindre d'un cinquième ; les droits de détail sur les vins et les cidres n'étaient que de dix pour cent au lieu de quinze, et ceux sur les alcools de trente-huit au lieu de quatre-vingt-dix ! Nous fournissions soixante ou quatre vingt mille hommes, on nous en prend cent et cent quarante mille, sans compter la garde mobile ; la durée du service militaire n'était que de sept ans, elle est de neuf aujourd'hui ; six ou sept cents francs suffisaient pour racheter nos enfants de la conscription, nous avons dû payer jusqu'à trois mille le prix de leur exonération ! Nos budgets sont presque doublés ; nous avons dépensé en quinze ans douze milliards de plus que sous le règne de Louis-Philippe dans le même espace de temps (1), et l'intérêt seul des emprunts contractés par l'Empire ou le service des annuités diverses ajoutées au budget depuis 1852 nous *coûtent tous les ans* QUATRE-VINGT TROIS MILLIONS DE PLUS *que le produit total du fameux impôt des 45 centimes*, décrété en 1848 comme mesure de salut public, et que nous n'avons payé qu'une fois, seule et unique !... (2).

Les bonnes paroles, les compliments, les flatteries même nous sont prodigués — au moment des élections surtout, — et dans la distribution de ce qu'on appelle « l'eau bénite de cour »

---

(1) Nous avons dépensé de 1852 à 1866. . . . 30.455.479.650 fr.
De 1830 à 1844 . . . 18.397.094 737 »
Différence . . . . 12 058.384.913 »

(Tableau dressé par Raoul Boudon, extrait du *Réveil* et publié dans le *Journal de Paris* du 31 août 1868.)

(2) Voici le montant de *l'intérêt* des divers emprunts inscrits aux budgets sous les précédents gouvernements :

Le premier Empire pour ses guerres ou sa liquidation. . . . . 101.899.604 fr.
La Restauration . . . . 6.832.397 »
Le gouvernement de Juillet. . . . 12 286.958 »
La République . . . . 12.351.189 »
Enfin, en 1852, le service de la dette ou annuités diverses s'élevait à 291,627,162 fr. par an.
Il est aujourd'hui de. . . 549.149 862 fr.
Soit une augmentation de. . . . . . 257.522.700 fr.
que nous devons payer *tous les ans.*
L'impôt des 45 centimes n'a coûté aux contribuables que. . . . . 174.187.200 fr.

(Voyez Raoul Boudon : la vérité sur la situation financière de l'Empire. — André Cochut : les finances du second Empire. — Garnier Pagès, comptes des finances, etc.

La dette de la France est imputable aux divers régimes dans les proportions suivantes :

Sur 100 fr. dus, Napoléon Ier et Napoléon III en ont emprunté 75 fr.
L'ancien régime. 11
Les deux Républiques. 11
Louis XVIII, Charles X et Louis Philippe. 3

Total. . . . . . 100 fr.

(*Le nouvel Emprunt, ou la politique du Grand-Livre*, par A. Mercier.)

nous ne sommes certes pas oubliés. Mais lorsqu'il s'agit de la répartition des allocations budgétaires , auxquelles nous avons tous un droit égal, la question change, le plateau de la balance ne penche plus de notre côté, et malgré la modestie de nos prétentions nous ne pouvons obtenir d'être traités sur le même pied que les villes, auxquelles on nous offre constamment pour modèle. Aussi, quelle différence entre leur situation et la nôtre !

L'argent de nos contributions aide à percer les coûteux boulevards de la capitale, et les brouettes circulent à peine sur nos chemins ; à y reconstruire palais somptueux et théâtres de cent millions, et nous n'avons pas de maisons d'école ; à subventionner chanteurs et danseuses de l'Opéra, et nous manquons d'hospices pour nos indigents ; à y payer même les agents de la police municipale, et nos ressources ordinaires ne nous permettent pas toujours l'entretien d'un garde champêtre ! On nous rappelle constamment et sans cesse l'immense intérêt qu'on prétend nous porter, et ce n'est qu'après dix-sept ans qu'on se décide, enfin ! à décréter l'achèvement de nos chemins vicinaux, et pour cette œuvre indispensable à l'existence des campagnes on nous alloue, sur des budgets qui dépassent deux milliards, la misérable somme de dix millions pendant dix ans ! Dix millions ! Savez-vous ce que cela représente ? Le traitement en argent de l'Empereur pendant cent quarante-cinq jours ; deux cent soixante-neuf francs vingt centimes pour chacune de nos communes ! Et encore pour avoir des droits sérieux à cette mesquine distribution, nous devons nous imposer des sacrifices volontaires, voter *une quatrième* journée de prestation et aggraver ainsi le plus inique et le plus injuste de nos impôts, — qui ne frappe, du reste, que l'habitant des campagnes !

Voilà l'état réel des choses dans leur plus simple vérité, et quoique mes assertions soient loin de concorder avec les déclarations pompeuses affichées périodiquement sur la porte de nos mairies, leur exactitude n'en est pas moins complète, et il vous est facile de vous en convaincre.

Le mal, nous le connaissons ; aux *candidats officiels* seuls, *qui ont tout approuvé*, en remonte la cause ; le remède à appliquer, le voici :

Les députés, ayant pour mission de représenter nos intérêts et de contrôler les actes du gouvernement, ne doivent tenir leur mandat que de nous-mêmes. En acceptant le patronage officiel, ils compromettent leur indépendance, puisque le Pouvoir peut leur dire à un moment donné : « Je vous retire mon appui. » Il vous convient donc de repousser sans miséricorde, et d'une manière absolue, tout protégé de l'armée administrative, et de n'accepter que celui qui déclarera hautement et avant tout, *qu'il ne veut devoir sa nomination qu'à nos libres suffrages.*

La faculté de nous concerter et de nous réunir nous étant presque impossible avec les libertés si réglementées dont nous jouissons, votons d'abord selon nos préférences personnelles, pour tous ceux qui se présenteront dans cette dernière condition. Mais au second tour de scrutin, que chacun fasse abnégation de lui-même, et reporte fidèlement son suffrage sur celui qui, dans la première épreuve, aura réuni les sympathies du plus grand nombre de votants. Par ce moyen sincèrement appliqué, nous triompherons des forces disciplinées de nos adversaires, et la souveraineté nationale ne sera plus une vaine fiction.

Pour atteindre ce résultat et secouer le joug que nous nous sommes laissé imposer, nous aurons des combats à livrer et des luttes à soutenir. Les dons, les séductions, les promesses, les menaces, peut-être ne nous seront pas épargnés. L'importance du but à atteindre, la justice de notre cause, le soin de notre dignité et la divulgation des moyens employés nous feront surmonter tous les obstacles. Laissez-moi vous les indiquer.

En première ligne, se présenteront naturellement les candidats qui, sans être appelés, viennent solliciter nos suffrages. Leur tactique sera la même ; elle nous est connue et nous avons pu l'apprécier. Les uns, millionnaires de fraîche date, qui pour obtenir un peu de considération personnelle croient indispensable de pouvoir ajouter à leurs noms inconnus la qualification de député, viendront faire miroiter à nos yeux les éclats malsains du veau d'or. D'une nullité absolue, incapables de quoi que ce soit, et condamnés à un perpétuel silence par leur inqualifiable ignorance, ils ne craindront pas de « remplacer aux » yeux des électeurs le prestige que donne, soit le mérite per- » sonnel, ou une grande intelligence ou une haute position, » soit le dévouement traditionnel aux intérêts du pays, soit le » souvenir des grands services rendus, soit en un mot tout ce » qui doit attirer l'attention par le côté moral, — par l'in- » fluence pernicieuse de l'argent. » Obligés *de tout acheter*, ils s'imaginent que *tout est à vendre*, et ils jetteront leur or corrupteur sur leur circonscription électorale avec le même cynisme qu'ils le répandraient dans le boudoir d'une courtisane ! A leurs avances, répondons par le mépris ou la menace de la police correctionnelle, et s'ils nous prouvent que leurs libéralités sont désintéressées et n'ont d'autre mobile que la bonté de leur âme, déclarons-leur franchement que nous préférons un vote indépendant, arrêtant les expéditions lointaines, les dépenses exagérées, les emprunts ruineux et l'élévation du contingent dont nous *supportons tous* les tristes conséquences, aux quelques centaines de francs qu'ils ont un jour versés dans la caisse municipale.

Les autres, n'ayant pour tout bagage que leur estampille officielle, invoqueront le nom de l'Empereur et les faveurs de toute espèce attachées à leur nomination. Rappelons-leur que l'Empereur n'est point en cause, que nous avons tous les mêmes droits aux allocations gouvernementales, et que si les nôtres étaient méconnus, nos mandataires librement élus, n'ayant pas de susceptibilité ministérielle ou préfectorale à ménager, ne craindraient pas de les réclamer à la tribune et d'en faire juge l'opinion publique « à laquelle appartient toujours la dernière victoire. »

Viendront ensuite les employés de tout rang et de toute classe. Ils sont satisfaits : nous en connaissons les causes et, de plus, ils ont leur consigne à exécuter.

Nous verrons encore, — et ce ne seront pas les moins ardents, — ceux qui aspirent aux faveurs, emplois et honneurs de toute sorte. Croyant qu'à l'époque actuelle, la meilleure des recommandations est le nombre de voix dont on prétend disposer, ils sont terribles en temps électoral. A les entendre, le candidat officiel, — qui tient la clé de leur paradis, — est un demi-dieu, et les électeurs sont vraiment trop heureux qu'un aussi illustre personnage veuille bien accepter leurs suffrages. Ils soutiennent Pierre contre Paul et agiraient pour Pau contre Pierre, s'ils lui supposaient une plus grande influence. Ils pérorent, ils prient, ils menacent, ils sont partout. Ils se chargent des recommandations pour le préfet, pour le député; ils promettent un secours, une fontaine, une route, un chemin de fer, un port de mer, si on le désire, — et, l'élection faite, — ils courent réclamer leur salaire... De ceux-là méfions-nous, car ce que les premiers font par devoir, ils ne l'accomplissent, eux, que dans leur seul intérêt personnel.

Les ministres ne manqueront pas de venir encore agiter le fantôme des *partageux* ou celui du *spectre rouge*. Répondons-leur que, depuis dix-huit ans, ils ne cessent de proclamer qu'ils ont sauvé la société, terrassé l'anarchie et fermé le gouffre des révolutions, et que s'ils en ont imposé ou s'ils sont frappés d'impuissance, ils n'ont qu'une chose à faire, — céder la place à d'autres.

Lo préfet nous accusera d'être les ennemis du gouvernement; déclarons-lui hardiment que nous sommes, avant tout, les amis du pays, et que nous défendons nos enfants et notre bourse contre quiconque ne s'en montre pas assez ménager.

Enfin, si le maire ou le garde champêtre avaient l'air de nous tenir trop mauvais compte de notre résistance à leurs incitations, faisons-leur comprendre que leur sort est entre nos mains, puisque nous pouvons exclure du conseil municipal le premier et lui faire perdre ainsi son écharpe, et de choisir des conseillers qui, au besoin, ne voteraient pas le traitement du second.

Suivons exactement ce programme, et soyez certains que ce ne seront pas nos prétendus maîtres qui riront les derniers.

Le résumé de ce trop long discours, le voici :

Depuis que nous nous sommes livrés pieds et poings liés aux gens en place, nous avons vu diminuer toutes nos libertés et augmenter toutes nos charges. Les députés nommés sur leur désignation, ont tout approuvé; les autres, seuls, ont résisté. Les campagnes se sont soumises à toutes les fantaisies du pouvoir, elles ont été complétement délaissées. Les villes les ont repoussées et les faveurs n'ont cessé de pleuvoir sur elles.

Agissez maintenant comme la raison, l'intérêt et votre amour-propre le commandent. Souvenez-vous seulement que, vouloir vous imposer des candidats désignés à l'avance, c'est vous dire que vous êtes incapables de les choisir vous-mêmes. N'oubliez pas que la mission des fonctionnaires ne consiste qu'à servir le public, qui les paie, et non point à le régenter, que leur devoir est de faire respecter votre indépendance, que vos suffrages ne relèvent que de vous-mêmes, que nul ne peut vous en demander compte, et qu'en définitive, et avant tout : « CHARBONNIER EST MAITRE CHEZ LUI. »

Édouard Flory,
Propriétaire-agriculteur,

Paris, 15 avril 1869.

PARIS. — IMPRIMERIE CH. SCHILLER, RUE DU FAUBOURG-MONTMARTRE, 10.